Índice

Una mujer de convicciones fuertes

Sor Juana Inés de la Cruz

Desde muy pequeña, Juana Inés mostró una curiosidad y una inteligencia indomables.

Pero en pleno siglo XVII, convertirse en monja fue la única opción que encontró para poder dedicarse a estudiar.

Sor Juan Inés de la Cruz escribió poesía, ensayo y obras de teatro, y se destacó como una de las grandes figuras de la literatura mexicana de todos los tiempos.

A los 14 años, Juana Inés ingresó como dama de compañía de la virreina de la Nueva España, Leonor Carreta, y aprovechó el ambiente culto de la corte para empaparse de las más variadas disciplinas. Más tarde, viendo que Juana no tenía ningún interés en casarse y formar una familia, el confesor de los virreyes le sugirió la vida religiosa. Luego de una mala experiencia con las Carmelitas Descalzas, ingresó a la orden de San Jerónimo. Allí le permitieron tener en su celda una gran biblioteca, aparatos científicos e instrumentos musicales, además de recibir la visita de grandes personalidades.

1651. Nace Juana Inés en México.

1664. Ingresa a la corte.

1669. Toma definitivamente los hábitos.

1691. Escribe la famosa respuesta.

1693. Deja de escribir y se dedica a las cuestiones religiosas.

1695. Muere Sor Juana.

1640   1650   1660   1670   1680   1690   1700   1710   1720

En 1691, bajo el seudónimo de Sor Filotea de la Cruz, el obispo de Puebla le escribió una carta a Sor Juana en la que trataba de convencerla de abandonar el trabajo intelectual. Ella publicó una larga respuesta, que luego se hizo muy famosa, en la que reclamaba el derecho de las mujeres a estudiar.

Pasión por aprender

Juana Inés aprendió a leer a los 3 años, escondida mientras tomaba lecciones su hermana mayor. Tiempo después, quiso convencer a su madre de que la enviara a la facultad disfrazada de hombre.

Otras destacadas poetas latinoamericanas fueron **Gabriela Mistral**, **Alfonsina Storni** y **Juana de Ibarbourou**.

La anécdota

Cuando Juana Inés quería aprender alguna disciplina nueva, se cortaba el pelo unos cinco centímetros. Si para cuando le había crecido nuevamente aún no sabía lo que se había propuesto, se lo cortaba otra vez. No le parecía bien que una cabeza estuviera vacía de saberes y adornada de cabello.

Una mujer de lucha

Juana Azurduy

Muchos años después de su muerte, su valentía fue reconocida y recibió el grado de generala. Juana Azurduy de Padilla luchó contra el ejército realista por la independencia del Virreinato del Río de la Plata, junto a miles de mujeres de las que ni siquiera conocemos el nombre.

Desde pequeña, Juana acompañaba a su padre en los viajes y lo ayudaba en las tareas del campo. Lo mismo hacía su vecino Manuel Ascencio Padilla, del cual se enamoró. Ambos trabajaban codo a codo con los gauchos e indígenas de las afueras de Chuquisaca, que era una de las ciudades más importantes de la América española.

Otras mujeres que lucharon por la independencia del Virreinato del Río de la Plata fueron **Macacha Güemes** y **Manuela Sáenz**.

Dijo la joven Juana:

" Me gustan los combates. Daría mi vida por hallarme en una de esas batallas en las que tanto sobresalen los valientes ".

La anécdota

Tan importante era Juana Azurduy que Manuel Belgrano le regaló su sable. Esto demuestra que el papel de las mujeres durante la lucha por la independencia fue mucho más allá de donar joyas o coser banderas.

Juana en la batalla

Juana luchó en el norte del Virreinato del Río de la Plata junto a los ejércitos de Castelli y Balcarce; más tarde se unió a Belgrano y a Güemes. Incluso reunió su propio batallón, que fue conocido con el nombre de "los leales" y, tras la muerte de su esposo, peleó con su última hija recién nacida en brazos.

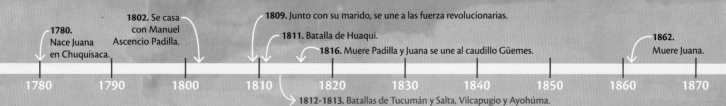

1780. Nace Juana en Chuquisaca.

1802. Se casa con Manuel Ascencio Padilla.

1809. Junto con su marido, se une a las fuerza revolucionarias.

1811. Batalla de Huaqui.

1816. Muere Padilla y Juana se une al caudillo Güemes.

1862. Muere Juana.

| 1780 | 1790 | 1800 | 1810 | 1820 | 1830 | 1840 | 1850 | 1860 | 1870 |

1812-1813. Batallas de Tucumán y Salta, Vilcapugio y Ayohúma.

Una mujer entre la ciencia ficción y el miedo

Mary Shelley

Es la autora de *Frankenstein o el moderno Prometeo*, que se considera la primera novela de ciencia ficción. Lo curioso de la vida de Mary es que era la hija del político, ensayista y escritor William Godwin y la mujer del poeta Percy Shelley, y pasó gran parte de su vida promoviendo la obra de ellos en lugar de la suya propia. Más de doscientos años después, sabemos que la verdaderamente talentosa del clan era ella.

La madre de Mary Shelley fue **Mary Wollstonecraft**, una filósofa y escritora inglesa que escribió, nada más y nada menos, que el libro titulado ***Vindicación de los derechos de la mujer***, una obra revolucionaria para la época y pionera del movimiento feminista. Desgraciadamente, la madre murió pocos días después del nacimiento de la hija.

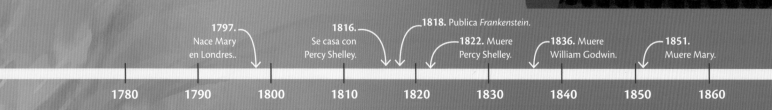

1797. Nace Mary en Londres..

1816. Se casa con Percy Shelley.

1818. Publica *Frankenstein*.

1822. Muere Percy Shelley.

1836. Muere William Godwin.

1851. Muere Mary.

1780   1790   1800   1810   1820   1830   1840   1850   1860

¿Por qué es importante *Frankenstein*?

Porque es una historia bien construida, que atrapa, da miedo y obliga a pensar. Además, es la primera en preguntarse cuál es el impacto de la ciencia y la tecnología en la vida de los seres humanos. ¡De eso se trata la ciencia ficción!

Dijo Mary:

"No deseo que las mujeres tengan más poder que los hombres, sino que tengan más poder sobre sí mismas".

Otras famosas escritoras inglesas del siglo XIX fueron **Jane Austen**, **George Eliot** y las **hermanas Brontë**.

La anécdota

Algunos dicen que era una noche de tormenta. Otros, simplemente, que el sol no apareció ese verano en Europa. Lo cierto es que el matrimonio Shelley y Lord Byron estaban en una villa cercana a Ginebra, y leían cuentos de terror para entretenerse. Hasta que a Byron se le ocurrió plantear el desafío de escribir una historia terrorífica, como si fueran a presentarla a un concurso. En ese contexto, la joven Mary le dio forma a su más temible criatura. Las otras obras nacidas de esa competencia pasaron al olvido.

Una mujer de mente analítica

Ada Lovelace

$$B_0 = 1$$
$$B_m = \sum_{J=0}^{m-1} M_J^m \left(\frac{m}{J}\right)^B$$

A principios del siglo XIX, Charles Babbage construyó la primera máquina de calcular y le pidió a su amiga Ada que tradujera el informe que había escrito un matemático italiano. Pero ella no se limitó a eso, sino que escribió unas voluminosas notas en las que desarrolló el primer algoritmo para ser procesado por una máquina, lo cual fue el antecedente del *software*.

Augusta Ada fue la única hija del matrimonio entre Lord Byron y Anabella Milbanke, aunque nunca tuvo contacto con su padre. Se casó con William King, quien recibió el título de conde de Lovelace. De ahí Ada recibió el nombre con el que se la conoce. De todos modos, firmó sus notas con las iniciales **A.A.L**, pues si se sabía que la autora era una mujer nadie les prestaría atención.

Otras dos pionera de la computación fueron **Grace Murray Hooper** (conocida como "Amazing Grace") y **Hedy Lamarr**.

$$B_0 = 1$$
$$B_m = \sum_{J=0}^{m-1} M_J^m \left(\frac{m}{J}\right)^B$$

Así era un día en la vida de Ada cuando tenía 8 años.

- 🕐 *Música*
- 🕐 *Lectura en francés*
- 🕐 *Matemática*
- 🕐 *Deberes*
- 🕐 *¡Música jotra vez!*
- 🕐 *Ejercicios de francés*

La anécdota

Ada estudió matemática desde muy chica y estuvo muchos años obsesionada con inventar un mecanismo que le permitiera volar. Pero, además de la máquina analítica de Babbage, un artefacto que realmente le abrió la cabeza fue el telar de Jacquard, un dispositivo automático con el que se podían crear tejidos con diferentes figuras.

Después de haberse casado y tener dos hijos, Ada quiso retomar sus estudios de matemática y su madre le consiguió un tutor para que la guiara. Pero este buen señor, luego de unas clases, avisó horrorizado a quien lo había contratado que Ada tenía un pensamiento abstracto que iba más allá de lo aconsejable en una mujer: ¡¡¡pensaba como un hombre!!!

Ada era aficionada a las carreras de caballos y quiso aplicar sus conocimientos a un método que le permitiera predecir los resultados y ganar en las apuestas. El proyecto no tuvo éxito y le ocasionó numerosas deudas.

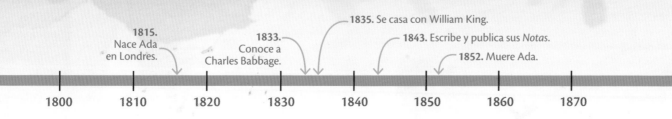

1815. Nace Ada en Londres.

1833. Conoce a Charles Babbage.

1835. Se casa con William King.

1843. Escribe y publica sus *Notas*.

1852. Muere Ada.

1800 1810 1820 1830 1840 1850 1860 1870

Una mujer que iluminaba en la noche

Florence Nightingale

Es conocida por ser la precursora de la enfermería moderna. Pero además de su profesionalismo y una marcada vocación de servicio, lo que distinguió a Florence fue la capacidad de análisis. Supo ver los problemas de los hospitales, especialmente de los que albergaban a heridos de guerra, e interpretarlos de manera estadística para mejorar las condiciones de los pacientes y salvar muchas vidas.

Florence nació en el seno de una acomodada familia británica.
Se esperaba de ella que se casara con un hombre de su misma posición y se dedicara al hogar. Pero eso no le interesaba a Florence. Desde muy joven supo que quería ser enfermera, e insistió tanto que sus padres le dejaron seguir su vocación. Para formarse, recorrió hospitales de varios países, en los que aprendió de manera práctica todo lo que necesitaba saber.

1820.
Nace Florence en Florencia.

1844.
Comienza a trabajar como enfermera.

1859.
Publica varios escritos sobre organización de hospitales y enfermería.

1860.
Funda una escuela de enfermería con su nombre.

1910.
Muere Florence.

1810　1820　1830　1840　1850　1860　1870　1880　1890　1900　1910

1853 -1856. Guerra de Crimea.

Dijo Florence:

"Cada día tiene mayor importancia el conocimiento de la higiene, el conocimiento de la enfermería, en otras palabras, el arte de mantenerse en estado de salud, previniendo la enfermedad, o recuperándose de ella"

La anécdota

En 1853, Florence trabajaba en Londres, cuando estalló la Guerra de Crimea y, junto a 38 enfermeras, se hizo cargo de un hospital de campaña en Turquía. En poco tiempo, logró mejoras sanitarias espectaculares y cambió para siempre la forma de tratar a los soldados heridos. Cuentan que sus infatigables visitas a los pacientes por la noche le valieron el sobrenombre de "la dama de la lámpara".

Florence fue una observadora muy meticulosa. Era todavía muy pequeña cuando documentó su colección de caracoles marinos con una serie de listas y tablas diseñadas con precisión. No es extraño que más tarde haya registrado los resultados de sus análisis sobre la mortalidad en los hospitales con gráficos y diagramas muy innovadores para la época.

 Otras mujeres que se destacaron en el ámbito de la salud fueron **Elizabeth** y **Emily Blackwell**, **Cecilia Grierson** y **Margaret Sanger**.

La obra de Florence Nightingale también inspiró la creación de la Cruz Roja.

Una mujer por el voto femenino

Emmeline Pankhurst

En la actualidad, a nadie le sorprende que las mujeres puedan votar, pero eso no fue siempre así. Emmeline Pankhurst, junto a un grupo de mujeres británicas, conocidas con el nombre de *Sufraggettes*, tuvo que demostrarle a la sociedad de su época que las mujeres tenían sus propias ideas políticas... ¡y querían manifestarlas en las urnas!

Acalorados discursos, marchas con carteles, reparto de periódicos feministas y uno que otro vidrio roto fueron las técnicas que utilizaron

Familia comprometida

Los padres de Emmeline estaban comprometidos con la lucha por los derechos civiles de hombres y mujeres. A los 14 años, Emmeline fue junto a su madre por primera vez a una reunión en la que se promovía el voto femenino. También Richard, su marido, era un abogado involucrado con la causa de las mujeres. Y más tarde, sus hijas Sylvia y Christabel lucharon junto a ella hasta que el voto femenino fue una realidad.

La anécdota

Emmeline creía que su misión de cambiar el mundo estaba determinada por el día de su nacimiento. Estaba convencida de que había nacido el 14 de julio (en realidad había sido el 15), día en el que se conmemora el inicio de la Revolución francesa.

Emmeline creó y participó de varias agrupaciones y movimientos para abogar por el voto femenino. ¡Y finalmente lo logró! En 1918 se permitió votar en el Reino Unido a las mujeres mayores de 30 y, en 1928, se bajó la edad a 21, que era la misma en que votaban los hombres.

Dijo Emmeline:

66 Nos tienen sin cuidado vuestras leyes, caballeros, nosotras situamos la libertad y la dignidad de la mujer por encima de todas esas consideraciones 99.

"Hechos, no palabras"

Las sufragistas británicas estaban convencidas de que para lograr lo que querían tenían que poner en juego todos los medios a su alcance, y a veces recurrían a métodos violentos. Incluso más de una vez, Emmeline y otras sufragistas fueron encarceladas. Dentro de la cárcel seguían protestando con huelgas de hambre, mientras sus compañeras se encadenaban en lugares públicos. Cuando salían de prisión, eran recibidas como heroínas.

Otras mujeres que lucharon por el voto femenino en Inglaterra fueron **Lydia Becker**, **Edith New**, **Mary Leigh** y **Millicent Garrett**.

1858. Nace Emmeline.

1879. Se casa con Richard Pankhurst.

1889. Crea la Liga para el Sufragio Femenino.

1898. Muere Richard.

1903. Crea la Unión Social y Política de Mujeres

1917. Junto a su hija Christabel, crea el Partido de las Mujeres.

1928. ¡El voto femenino es un hecho! Muere Emmeline.

1850   1860   1870   1880   1890   1900   1910   1920   1930

Una mujer con dos premios Nobel

Marie Curie

Marie Curie fue una científica polaca, nacionalizada francesa, que se destacó en varias ramas de la ciencia.

Junto a Henry Becquerel y a su marido, Pierre Curie, desarrolló investigaciones en el campo de la radiación, lo cual les valió el premio Nobel de Física en 1903. Luego, Marie descubrió dos nuevos elementos y, en 1911, recibió el premio Nobel de Química. Como si eso fuera poco, fue la primera mujer en ser admitida como profesora de la más prestigiosa universidad de París. Todo esto lo logró pese a las desventajas en las que se encontraba por ser mujer y provenir de una familia bien educada pero de escasos recursos. Lamentablemente, murió de forma prematura como consecuencia de haber pasado largas horas expuesta a la radiación.

¿Qué son los **Premios Nobel**?

Son una serie de galardones otorgados por diversas instituciones de Suecia a las personalidades que se destacan cada año por sus investigaciones en los campos de la Física, la Química y la Medicina. También hay distinciones dedicadas a la Economía, la Literatura y la lucha por la Paz.

1867. Nace Marie en Varsovia.

1895. Se casa con Pierre Curie.

1903. Recibe el premio Nobel de Física.

1906. Muere Pierre Curie. Toma su cátedra en La Sorbona.

1911. Recibe el Nobel de Química.

1934. Muere Marie.

1860 1870 1890 1900 1910 1920 1930 1940 1950

La anécdota

Cuando Marie tenía 24 años hizo un pacto con su hermana Bronia para irse juntas a París. Primero, Marie se ocupó como institutriz para costear los estudios de Medicina de Bronia y, luego, Bronia trabajó para pagar la formación en Física, Química y Matemática de Marie.

Marie Curie nunca dio grandes discursos, pero fue la primera en usar el término **radioactivo** para describir los elementos que emiten radiaciones cuando se descomponen sus núcleos.

Otras investigadoras que se destacaron en el campo de las ciencias exactas fueron **Lise Meitner, Jocelyn Bell** y **Rosalind Franklin.**

¿Una universidad itinerante?

Como en Polonia no estaba permitido que las mujeres siguieran estudios superiores (ni siquiera una niña como Marie, que era la mejor de su clase), había una universidad paralela, que cambiaba constantemente de sede. No hay registros oficiales, pero se estima que más de 5000 jóvenes se formaron de este modo entre fines del siglo xix y principios del xx.

Po

Ra

Marie era agnóstica, es decir que pensaba que la existencia de dios no se podía demostrar. Por eso, su casamiento con Pierre fue solo civil, y en lugar de usar el tradicional traje de novia blanco llevó un sencillo vestido azul, que luego siguió usando para trabajar en el laboratorio.

Una mujer moderna

Coco Chanel

Coco Chanel fue una diseñadora de modas francesa que cambió para siempre la idea sobre cómo deben vestirse las mujeres. Entre la Primera y la Segunda Guerra Mundial, Coco comprendió que sus coetáneas tenían un nuevo rol en la sociedad y debían vestirse de manera diferente para ser libres y desempeñarse con comodidad. ¡Basta de vivir encorsetadas!

De Gabrielle a Coco

Su verdadero nombre era Gabrielle y fue la segunda hija de una pareja inestable. A los 12 años murió su madre, y su padre la mandó a un convento en el que, aunque no se llevaba bien con las monjas, aprendió a coser con cierta destreza. Mientras tanto, soñaba con un mundo de lujos y placeres, que la llevaba a inventar falsas historia sobre sus orígenes.

A los 18 años comenzó a trabajar en una mercería, al tiempo que actuaba en un café concert. Allí solía cantar una canción sobre un perrito que se llamaba Coco…

Dijo Coco:

Cuando su novio, el duque de Westminster,
la dejó para casarse con otra.

"Habrá muchas duquesas
de Westminster,
pero Chanel hay una sola".

La anécdota

Cuentan que el día que murió,
Coco llamó a una de sus más cercanas
colaboradoras, se recostó en un diván
y dijo: "Mirá, así se muere".

Otras diseñadoras destacadas son
Mary Quant, **Carolina Herrera** y
Donna Karan.

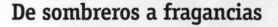

De sombreros a fragancias

A los 27 años comenzó su carrera profesional.
Gracias a la plata que le prestó un amigo,
compró una partida de sombreros a los que reformó
a su gusto. ¡El emprendimiento fue un éxito total!
Ese mismo año inauguró su primera tienda de moda.
Más tarde abrió otra, y otra más.
Entre sus creaciones se destacan las prendas holgadas,
los pantalones anchos, el simple vestido negro y
el traje de falda y chaqueta de bordes ribeteados.
También un perfume, el CHANEL N°5,
que inmortalizó la célebre Marilyn Monroe.

1883. Nace Gabrielle en Francia.

1910. Primera tienda de sombreros.

1915. Primera tienda de alta costura.

1971. Muere Coco.

| 1870 | 1880 | 1900 | 1910 | 1920 | 1930 | 1940 | 1950 | 1960 | 1970 | 1980 |

1914-1918. Primera Guerra Mundial.

1939-1945. Segunda Guerra Mundial.

Una mujer de hierro

Golda Meir

Mientras en muchos sitios a las mujeres se les prohibía votar, Golda Meir intervenía en la creación de un nuevo Estado al que, años más tarde, gobernó con prudencia. Su dedicación a Israel fue total: trabajó en la paz y en la guerra, ocupó distintos cargos y realizó peligrosas misiones.

Buscando su lugar

Golda nació en el Imperio ruso, en la actual Ucrania. A los ocho años emigró con sus padres a los Estados Unidos. Desde muy chica tomó responsabilidades y se involucró en la comunidad. A los 14 años, sus padres decidieron que Golda abandonase la escuela y se casara. Pero Golda no estuvo de acuerdo. Compró un pasaje de tren y se fue a otra ciudad, donde vivía su hermana mayor. Allí se quedó hasta completar los estudios. Se casó, trabajó de maestra y, unos años después, se mudó a Palestina.

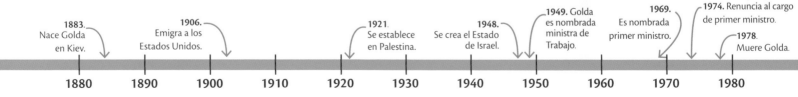

1883. Nace Golda en Kiev.

1906. Emigra a los Estados Unidos.

1921. Se establece en Palestina.

1948. Se crea el Estado de Israel.

1949. Golda es nombrada ministra de Trabajo.

1969. Es nombrada primer ministro.

1974. Renuncia al cargo de primer ministro.

1978. Muere Golda.

1880 1890 1900 1910 1920 1930 1940 1950 1960 1970 1980

Dijo Golda:

"No es importante decidir qué vas a ser cuando seas grande. Es mucho más importante decidir el modo en que vas a vivir: si vas a ser honesto con vos mismo y con los demás, si vas a unirte a causas buenas para todos, y no solo para vos. Con eso es suficiente; quizás lo que hagas cuando seas grande sea solo cuestión de suerte".

La anécdota

Cierta vez, David Ben-Gurión, el primer ministro de Israel, declaró que Golda Meir era "el único hombre de su gabinete". Al oír eso, Golda dijo: "Supongo que intentó hacerme un gran cumplido. Sin embargo, dudo de que Ben-Gurión se sintiera orgulloso si yo dijera que él es la única mujer en el gobierno".

Primer ministro

Gran Bretaña, que controlaba Palestina, se había comprometido a legar el territorio para la construcción de un Estado judío. Golda se puso a trabajar para organizar a los pobladores y dar forma a las instituciones necesarias… ¡Había un país que construir! Creado Israel, en 1948, Golda Meir ocupó varias posiciones: embajadora, ministra de Trabajo, ministra de Relaciones Exteriores y, finalmente, en 1969, primer ministro. El momento más difícil que le tocó atravesar fue la guerra de Yom Kippur, en 1973. Las fuerzas israelíes estaban siendo aplastadas por los ejércitos sirios y egipcios. Entonces, los generales plantearon el uso de armas nucleares como último recurso. Golda dijo NO.

Otra mandataria que se destacó por su fuerte determinación fue **Margaret Thatcher**.

Una mujer que se miró a sí misma

Frida Kahlo

En México, los pintores de principios del siglo XX realizaban grandes murales sobre temas históricos y sociales.

La pintura, desde siempre, ha intentado reflejar el mundo y las cosas. Pero Frida se dedicó a pintar sobre lo que mejor conocía: ella misma. Sus retratos le servían de compañía en las horas de soledad.

De la cama al Louvre

Frida se casó con el pintor Diego Rivera. Ambos se admiraban como pintores, pero mientras que Diego era reconocido mundialmente, Frida pintaba para ella y sus amigos. En 1938, un galerista norteamericano la invitó a que armara su primera exposición individual en los Estados Unidos. Pero Frida se decía: "No entiendo lo que ve en mis cuadros. ¿Por qué quiere exponerlos?". En 1939 el Louvre, el museo de arte más importante del mundo, compró su autorretrato *The Frame*, que fue la primera obra mexicana en integrar su colección. A partir de entonces, comenzó el éxito internacional de Frida.

La anécdota

Diego fue el gran amor de Frida. Se conocieron en 1928 y se casaron al año siguiente. Se divorciaron en 1939, y volvieron a casarse en 1940. La relación fue intensa y tormentosa, y duró hasta la muerte de Frida.

Lo curioso es que Frida y Diego se habían conocido fugazmente muchos años antes. En 1922, Diego había sido contratado por la Escuela Nacional Preparatoria para pintar un mural y Frida se había acercado a ver al gran pintor trabajando.

A los 6 años, Frida contrajo poliomielitis. Como consecuencia, uno de sus pies creció menos que el otro. Frida se sobrepuso a sus limitaciones y se hizo un grupo de buenos amigos en la escuela. Todos ellos eran grandes lectores, con inquietudes políticas y sociales. Pero la tragedia volvió a golpear a su puerta: a los 18 años, Frida tuvo un accidente de tránsito y quedó muy mal herida. Durante la convalecencia, con un caballete montado en la cama, descubrió la pintura.

Dijo Frida:

"Yo solía pensar que era la persona más extraña en el mundo, pero luego pensé, hay mucha gente así en el mundo, tiene que haber alguien como yo, que se sienta bizarra y dañada de la misma forma en que yo me siento. Me la imagino, e imagino que ella también debe estar por ahí pensando en mí.
Bueno, yo espero que si tú estás por ahí y lees esto sepas que, sí, es verdad, yo estoy aquí, soy tan extraña como tú"

Otras grandes artistas fueron **Lola Mora** y **Tamara de Lempicka**.

1907. Nace Frida en Coyoacán.

1925. Sufre un grave accidente al chocar el colectivo en el que viaja.

1929. Frida se casa con Diego Rivera.

1939. Primera exposición individual en los Estados Unidos.

1946. Obtiene el Premio Nacional de Artes y Ciencias.

1954. Muere Frida.

1900　1910　1920　1930　1940　1950　1960

1910. Estalla la Revolución Mexicana.

Madre Teresa de Calcuta

Teresa dedicó su vida a ayudar a los más pobres entre los pobres. Y desde el punto más oscuro de Calcuta, en la India, consiguió que su voz fuera oída entre los más poderosos de la Tierra. También alcanzó los más grandes honores, pero su mensaje nunca cambió.

El camino de la religión

Desde pequeña, Agnes Gonxha Bojaxhiu quería ser monja. A los 18 años ingresó en el convento de las Hermanas de Loreto, en Irlanda. Un año más tarde partió a la India, donde tomó los votos religiosos y cambió su nombre por el de Teresa.

Teresa enseñó durante años en la escuela. En 1944, se hizo cargo de la dirección del convento de Darjeeling. Pero algo le faltaba. La India pasaba tiempos difíciles y Teresa veía a los pobres que sufrían en las calles, apartados de toda ayuda. Entonces, encontró su misión.

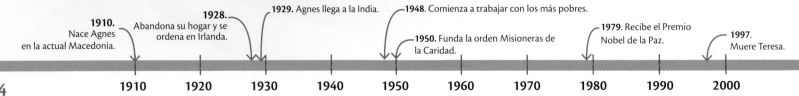

1910. Nace Agnes en la actual Macedonia.

1928. Abandona su hogar y se ordena en Irlanda.

1929. Agnes llega a la India.

1948. Comienza a trabajar con los más pobres.

1950. Funda la orden Misioneras de la Caridad.

1979. Recibe el Premio Nobel de la Paz.

1997. Muere Teresa.

1910 1920 1930 1940 1950 1960 1970 1980 1990 2000

Calcuta

La misión era sencilla: abandonar el convento y ayudar a los pobres, viviendo entre ellos. Teresa conoció en carne propia el cansancio y el dolor que significaba la subsistencia diaria para aquellos que no tenían nada.

Su trabajo tuvo eco. Con la colaboración de las autoridades indias y el apoyo de voluntarios y donantes, abrió una escuela, un hospicio y un leprosario. En sus centros, Teresa y sus asistentes cuidaban a los moribundos, a personas aquejadas de enfermedades crónicas y terminales, a huérfanos y a ancianos desvalidos.

Su organización fundada en 1950, Misioneras de la Caridad, sigue trabajando. Tiene más de 400 centros en todo el mundo y más de 4500 miembros activos.

La anécdota

Una tarde, un hombre fue al convento en el que se encontraba Teresa y dijo: "Hay una familia hindú que tiene ocho hijos y no han comido en mucho tiempo. ¡Ayúdelos!". Inmediatamente, Teresa tomó un poco de arroz y fue para allá. Su ayuda no se limitaba a los que seguían su credo.

En 1979, la madre **Teresa de Calcuta** recibió el Premio Nobel de la Paz por su la lucha contra la pobreza. Durante la ceremonia le preguntaron: "¿Qué podemos hacer para promover la paz?". Y **Teresa** respondió: **"Vayan a su casa y amen a su familia"**.

 Otras mujeres comprometidas con la caridad fueron **Helen Keller**, **Diana de Gales** y **Dorothy Hodgkin**.

25

Una mujer valiente
Rosa Parks

Rosa Parks era una mujer común. Era negra, vivía en la ciudad de Montgomery, Alabama, y trabajaba de costurera. Sin embargo, un simple acto cotidiano la convirtió en el símbolo de la lucha contra la segregación racial en los Estados Unidos. ¡Y su causa resultó victoriosa!

El Movimiento por los **Derechos Civiles**

En el sur de los Estados Unidos, hasta mediados del siglo XX, las leyes establecían que los blancos y los negros debían estar separados. Vivían en diferentes barrios, iban a diferentes escuelas, e incluso comían en diferentes sitios. En los comercios, los blancos tenían derecho a ser atendidos primero. Las leyes establecían que los grupos estaban "separados, pero eran iguales", aunque los blancos siempre resultaban favorecidos. El Movimiento por los Derechos Civiles, con medidas no violentas, como boicots y protestas, luchó contra este sistema.

Un asiento en el autobús

En los autobuses había asientos para pasajeros blancos y para pasajeros negros. Cuando todos los asientos para blancos estaban ocupados y subía una nueva persona blanca, un negro tenía que levantarse para darle su asiento.
El 1º de diciembre de 1955, por la tarde, un conductor ordenó a varios pasajeros negros que cedieran sus asientos a pasajeros blancos. Algunos se levantaron, pero Rosa Parks se quedó sentada. Y no se movió hasta que la policía la arrestó.

7053

Dijo Rosa:
"Nunca debes tener miedo de hacer lo correcto".

La anécdota

Cuando le preguntaron por qué no abandonó su asiento, Rosa dijo que no se quedó sentada porque estuviera cansada luego de todo un día de trabajo, sino porque estaba harta de darse por vencida ante los abusos contra la gente como ella.

Otras mujeres que lucharon contra la discriminación de las personas de color fueron **Frances Harper** y **Septima Poinsette Clark**.

1913. Nace Rosa en Alabama.

1943. Se involucra activamente con el Movimiento por los Derechos Civiles.

1955. Rosa se niega a ceder el asiento a un blanco y es detenida.

1956. Se declara inconstitucional la segregación en los autobuses.

1957. Se muda a Detroit por falta de trabajo y constantes amenazas de muerte.

2005. Muere Rosa.

1910 · 1920 · 1930 · 1940 · 1950 · 1960 · 1970 · 1980 · 1990 · 2000 · 2010

1968. Martin Luther King es asesinado.

Eva Perón

La vida de Eva Perón fue corta pero intensa. Nació en un hogar humilde en la provincia de Buenos Aires, viajó a la capital, donde hizo carrera en la radio y el cine, y luego se convirtió en una trascendente figura política junto a su marido, Juan Domingo Perón. Por razones de salud, declinó la candidatura a la vicepresidencia de la nación que se le ofreció poco antes de morir.

Teatro, cine, radio y publicidad...

Eva Duarte llegó a la capital con tan solo 15 años y casi enseguida consiguió un pequeño papel en una obra llamada *La señora Pérez*. Desde entonces, siguió actuando en teatro, cine y radioteatro, siempre en roles menores. También trabajó como locutora y modelo publicitaria. Hacia 1940 ya era una figura conocida.

En 1944, hubo un terremoto en la provincia de San Juan. El gobierno organizó un festival en el Luna Park para ayudar a los damnificados y Eva Duarte fue una de las actrices que reunieron los fondos. El coronel Juan Domingo Perón presidió el evento y allí se conocieron.

Alicia Moreau de Justo fue otra gran política argentina que se dedicó a promover los valores del socialismo y a defender los derechos de las mujeres.

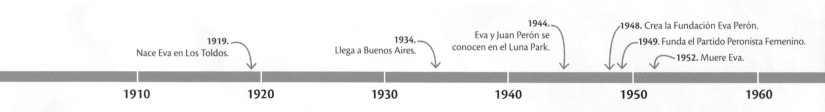

1919. Nace Eva en Los Toldos.

1934. Llega a Buenos Aires.

1944. Eva y Juan Perón se conocen en el Luna Park.

1948. Crea la Fundación Eva Perón.

1949. Funda el Partido Peronista Femenino.

1952. Muere Eva.

| 1910 | 1920 | 1930 | 1940 | 1950 | 1960 |

Eva Perón fue una primera dama muy activa. Creó y dirigió una fundación dedicada a ayudar a los que menos tenían, y se enfocó especialmente en los niños. Creó instituciones imprescindibles, como escuelas, hospitales y hogares, sin olvidar el toque de magia que toda infancia debería tener. Anualmente, la fundación llevaba a los chicos de vacaciones a grandes complejos, repartía juguetes, libros y bicicletas, y organizaba competencias deportivas infantiles.

Dijo Eva:

" Yo no me dejé arrancar el alma que traje de la calle, por eso no me deslumbró jamás la grandeza del poder y pude ver sus miserias. Tampoco nunca me olvidé de las miserias de mi pueblo y pude ver sus grandezas .

El voto femenino

La lucha por el voto femenino comenzó a fines del siglo xix. En 1946, Evita se comprometió firmemente con esta causa. Fue así que el 11 de noviembre de 1951 las mujeres argentinas votamos por primera vez.

La anécdota

En su primera gira internacional, en 1947, Eva Perón llegó a España, fue aclamada por el público y se hospedó en la casa del dictador Francisco Franco. Por la noche, llamó junto a ella a Lilian, la mujer que la acompañaba. Las dos mujeres se quedaron charlando un buen rato y Eva se quedó dormida. Entonces, Lilian se dispuso a irse sin hacer ruido, pero Eva se despertó y la retuvo. Lilian dijo: "Señora, es muy tarde y mañana tiene un día muy atareado".
"Es que tengo miedo", confesó Eva. Pese a la imagen que se tenía de ella, en el fondo era una mujer muy vulnerable.

29

Una mujer que dijo basta

Sophie Scholl

La vida bajo un gobierno dictatorial
es una pesadilla. La autoridad lo controla todo
y la libertad personal desaparece.
Sophie y sus amigos fueron un grupo de jóvenes
estudiantes alemanes que se enfrentaron
al nazismo y a la guerra. Pero no tuvieron éxito.
Lamentablemente, en 1943,
fueron apresados y ejecutados.

Por la época en que Sophie se oponía a los nazis
en Alemania, una joven judía llamada **Ana Frank**
tuvo que pasar varios años escondida en una casa
de Holanda para salvar su vida. Durante ese tiempo
escribió un diario que sobrevivió a la guerra
y se convirtió en un conocido libro.

1941. Da clases de Enfermería como parte
del programa del Servicio Nacional de Trabajo.

1921.
Nace Sophie
en Alemania.

1942. Se crea la Rosa Blanca.

1940.
Sophie termina el colegio.

1943. Sophie
es detenida y ejecutada.

1910	1920	1930	1940	1950

1934. Adolf Hitler es nombrado *Führer*
de Alemania y obtiene el poder absoluto.

1939-1945. Segunda Guerra Mundial.

La Rosa Blanca

En la Universidad de Munich, en 1942, había un grupo de amigos, entre quienes estaba Sophie, que gustaba de la pintura, la literatura, la música y el deporte. Muchos de ellos eran estudiantes de Medicina, y tenían que prestar servicio en los hospitales que trataban a los soldados heridos que volvían del frente en la Segunda Guerra Mundial. ¡Y lo que contaban era escalofriante!

Para tratar de luchar contra eso nació la Rosa Blanca, un grupo que, por medios no violentos, quiso llamar la atención del pueblo alemán sobre los crímenes nazis y la necesidad de la paz.

La anécdota

A principios de febrero de 1943, aparecieron inscripciones en el centro de Munich que decían una sola palabra, pintada con alquitrán: "Libertad". Pocos días después la policía apresó y ejecutó a los miembros de la Rosa Blanca.

Dijo Sophie:

"Defendé tus creencias aunque seas la única que las defiende".

ME GUSTA

- Pintura moderna
- Caminatas largas
- Literatura
- ¡Me encantan Heinrich Heine y Thomas Mann!
- Esquiar y nadar
- ¡la música!
- ¡Mi hermano Hans tocando la guitarra!
- Leer filosofía

NO ME GUSTA

¡ODIO A LOS NAZIS!

María Callas

María fue una diva. Tenía un talento enorme,
una voz de soprano muy sugerente
y una presencia escénica poderosa.
También, según la leyenda, mal carácter y difícil trato.
Fue la figura más destacada de la ópera del siglo xx,
a pesar que se eclipsó prematuramente.

Una voz discutida

Comenzó a cantar ópera profesionalmente, en Grecia,
a los 18 años, y sus compañeros y críticos consideraban
que su voz era casi milagrosa. Sin embargo, aparecieron
con el tiempo críticas negativas, que opinaban que la voz
de Callas era defectuosa.

Incluso una vez llegó a ser abucheada por el público. Es que
como se decía en la época "la voz de la Callas se ama o se odia".
Pero basta escuchar su versión del aria *O mio babbino caro*
para comprobar que se está ante una gran artista.

Otras mujeres talentosas
e intensas, que se destacan
en el campo de la música
a nivel internacional
son **Madonna** y **Björk**.

La anécdota

María Callas era muy corta de vista. En 1964, en Londres, durante un ensayo, la soprano se acercó demasiado a unos candelabros y su peluca se prendió fuego. Tito Gobbi, un barítono, se arrojó sobre ella y apagó la peluca con las manos. María Callas miró perpleja a su compañero. Gobbi le mostró las manos quemadas. Callas comprendió, dijo "Gracias, Tito" y siguió ensayando.

Dijo María:

"No me hablen de reglas. Dondequiera que estoy, yo hago las reglas".

Un cambio de imagen

María Callas era una mujer grande: medía 1,74 m y pesaba, durante su juventud, unos 90 kilos. En 1954 adelgazó más de 30 kilos, y eso cambió su aspecto notablemente. Según dijo, se sentía incómoda con su cuerpo, especialmente al interpretar papeles de jóvenes hermosas. Muchos críticos opinan que entonces su voz comenzó a declinar, que la pérdida de peso afectó la potencia, o que su salud se resintió. Lo cierto es que en 1965 María Callas se retiró de los escenarios.

1923. Nace María en los Estados Unidos.

1937. Se muda a Grecia junto a su madre y su hermana.

1938. Debuta profesionalmente como cantante.

1946. María continúa su carrera en Italia. Gana fama internacional.

1954. Adelgaza y cambia su imagen.

1965. Se retira de los escenarios.

1977. María muere en París, tras años de soledad.

1920   1930   1940   1950   1960   1970   1980

Una mujer apasionada

Maya Plisétskaya

Desde muy pequeña, Maya descubrió que el baile iba a ser su vida. Y siguió su camino, sin traicionar su destino ni una sola vez. En los tiempos difíciles, bailó. Bailó para que reconocieran su talento y, cuando nadie dudaba de que ella era la mejor, siguió bailando. Ni la política, ni el dinero ni la fama la apartaron de su camino.

Dijo Maya:

"Tu carácter es tu destino".

1925.
Nace Maya en Moscú.

1938.
Su padre es ejecutado y su madre encarcelada. Vive con su tía.

1943.
Maya ingresa al Ballet Bolshoi.

1959.
Primera gira internacional de Maya.

1990.
Se retira del Ballet Bolshoi a los 65 años.

2015.
Muere Maya.

1920 1930 1940 1950 1960 1970 1980 1990 2000 2010 2020

Comienzos difíciles

La vida en la Unión Soviética era turbulenta. El padre de Maya fue encarcelado y ejecutado en 1938, durante una de las tantas purgas practicadas por el dictador Stalin. Su madre fue arrestada poco después. Maya se mudó entonces con su tía hasta que su madre fue liberada. Fue su tía, Sulamith Messerer, bailarina del Ballet Bolshoi, quien enseñó a Maya que el baile podía rescatarla y mostrarle el camino.

La anécdota

Tras la posguerra, era común que los artistas soviéticos de gira pidieran asilo en Occidente.

Por esa razón, las autoridades no dejaban a Maya Plisétskaya viajar al exterior.

En 1959, reconociendo el talento de Maya, el líder soviético Nikita Kruschev la autorizó para una gira internacional. La gira fue un éxito. Cuando Maya regresó, Kruschev la abrazó y le dijo: "Buena chica, volviste. No me hiciste quedar como un tonto".

Una larga carrera

Maya Plisétskaya era una de las más importantes bailarinas de la Unión Soviética. A partir de 1959 se le permitió viajar al exterior, y se convirtió en una estrella mundial. Sus características eran la intensidad y la perfección.

Su adaptación e interpretación de *El lago de los cisnes* se convirtió en uno de los puntos más altos del ballet del siglo XX.

En 1988 aceptó dirigir el Ballet Nacional Clásico de España. Allí pudo cumplir un viejo sueño: mezclar lo clásico con lo revolucionario.

Dos bailarinas clásicas argentinas de renombre internacional son **Eleonora Cassano** y **Paloma Herrera**.

Una mujer que escribió para grandes y chicos
María Elena Walsh

¡Quién no conoce la obra de María Elena Walsh! Sus personajes y rimas parecen haber existido siempre, y siempre parecen nuevos. Asombran a todos con su carga de poesía, ingenio y sensibilidad.

Una carrera muy variada

A los 17 años, María Elena Walsh publicó un libro de poesía. A los 21, creó un dúo folklórico con su entonces compañera, Leda Valladares, y pasó varios años cantando en Europa. Entonces empezó a componer canciones e historias para el público infantil. A los 38 años estrenó un espectáculo de canciones para el público adulto, pero no por eso dejó de escribir para chicos. Diez años más tarde, escribía ensayos de opinión, algunos muy controversiales. Hizo de todo, siempre haciendo exactamente lo que quería hacer.

Otra de las grandes escritoras argentinas dedicadas al público infantil fue **Elsa Bornemann**, y otra cantante folclórica que con su voz conmovió a todos fue **Mercedes Sosa**.

El público y el autor

A María Elena Walsh no le gustaba ponerse en el rol de maestra. Por eso escribió para chicos sin pretender enseñarles nada, algo que era muy poco común por entonces. Escribía para entretener y dar su opinión, y creía que era el público el que le daba el sentido que mejor le parecía a las obras artísticas. En el regreso de la democracia, en 1983, su canción *Como la cigarra* fue considerada casi como un himno por los exiliados y familiares de las víctimas de la dictadura. Y ese era un sentido que María Elena ni siquiera había imaginado.

Dijo María Elena:

"Ese es el problema de la gente reservada como yo: a la hora de hacer confidencias, se da cuenta de que escribiendo es más fácil. Y eso sucede porque en la escritura uno está como escondido, no muestra la cara, y les puede dar forma a las ideas y a los recuerdos como mejor le parezca".

Una estrofa de María Elena

$\dfrac{\begin{array}{c}2\\+\\2\end{array}}{3}$

"Me dijeron que en el Reino del Revés
nadie baila con los pies,
que un ladrón es vigilante y otro es juez
y que dos y dos son tres.
Me dijeron que en el Reino del Revés
cabe un oso en una nuez,
que usan barbas y bigotes los bebés
y que un año dura un mes".

Canciones para mirar, 1963.

La anécdota

Luego de ganar el Segundo Premio Municipal con su primer libro, María Elena Walsh fue invitada por el poeta Juan Ramón Jiménez a su casa en los Estados Unidos, como una suerte de beca para una joven escritora.

1930. Nace María Elena en Ramos Mejía.

1947. Obtiene el Segundo Premio Municipal con su primer libro.

1951. Conoce a Leda Valladares y parte a Europa a cantar folklore.

1966. Publica *Cuentopos de Gulubú*.

1968. Estrena el espectáculo musical *Juguemos en el mundo*.

2011. Muere María Elena.

1930   1940   1950   1960   1970   1980   1990   2000   2010   2020

Una mujer intrépida

Sally Ride

Dos mujeres astronautas ya habían realizado misiones en la Unión Soviética cuando finalmente Sally fue al espacio. Pero el verdadero logro de la primera astronauta estadounidense fue su compromiso con la ciencia. Sally fue una mujer de estudio y acción, que quiso acercar la ciencia a las niñas.

Del laboratorio al espacio

Sally Ride se doctoró en Física en la Universidad de Stanford. Allí respondió un aviso que requería científicos para trabajar en el ámbito espacial. En total, seis mujeres fueron reclutadas por la NASA, y Sally fue una de ellas. Luego de un año de entrenamiento, en 1983 partió en misión con el Challenger para poner en órbita y recuperar satélites. Al año siguiente, realizó otra misión orbital. Tenía confirmada una tercera misión, pero entonces el Challenger estalló en el espacio y Sally decidió dar un paso al costado.

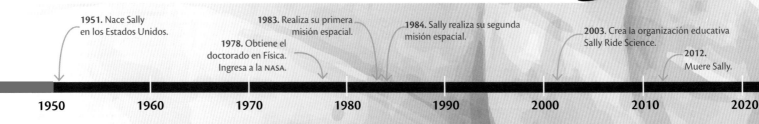

1951. Nace Sally en los Estados Unidos.

1978. Obtiene el doctorado en Física. Ingresa a la NASA.

1983. Realiza su primera misión espacial.

1984. Sally realiza su segunda misión espacial.

2003. Crea la organización educativa Sally Ride Science.

2012. Muere Sally.

1950 1960 1970 1980 1990 2000 2010 2020

Sally, investigadora y maestra

El programa de transbordadores espaciales sufrió dos accidentes fatales, el del Challenger, en 1986, y el del Columbia, en 2003. En ellos perdieron la vida 14 tripulantes. Luego de las tragedias, se formaron comités de investigación, de los que Sally participó y en los que tuvo un papel destacado. Años más tarde, Sally abandonó la NASA. Junto a su compañera, Tam O'Shaughnessy, creó una organización para interesar al público infantil -especialmente a las chicas- en ciencia, tecnología, ingeniería y matemáticas.

La anécdota

Antes de su primera misión espacial, Sally dio numerosas conferencias de prensa. Algunas de las preguntas que le formularon fueron: "¿Creés que el espacio va a afectar tu capacidad para tener bebés?", "¿Hubieras preferido ser un varón?", "¿Te ponés a llorar cuando las cosas salen mal en el trabajo?", "¿Vas a usar maquillaje y corpiño en el espacio?". Desde entonces, Sally evitó lo más que pudo los medios de comunicación.

Dijo Sally:

❝No me hice astronauta para ser un modelo. Pero las chicas necesitan ver modelos de rol en cualquier carrera que elijan, así se pueden ver a sí mismas haciendo ese trabajo en el futuro. No podés ser lo que no podés ver❞.

Otras mujeres intrépidas fueron **Amelia Earhart** y **Valentina Tereshkova**.

Diseño y diagramación: Laura Porta

Corrección: María Nochteff

Kreimer, Ariela
    Vidas que inspiran : mujeres que cambiaron el mundo / Ariela Kreimer ;
Vanesa Zorn. - 1a ed. - Ciudad Autónoma de Buenos Aires : ¡Achís!, 2017.
    40 p. ; 20 x 20 cm.

    ISBN 978-987-4163-12-7

    1. Biografías. 2. Mujeres. 3. Libro para Niños. I. Zorn, Vanesa II. Título
    CDD 371.33

Copyright Lectura Colaborativa SRL.

Gral. Urquiza 2037, Ciudad de Buenos Aires.

República Argentina (1243).

editorial@lecturacolaborativa.com

www.librosachis.com

Facebook.com/ librosachis

Queda hecho el depósito que previene la ley 11.723.

Esta edición de 3000 ejemplares se terminó de imprimir en China en Septiembre de 2017

IMPRESO EN CHINA

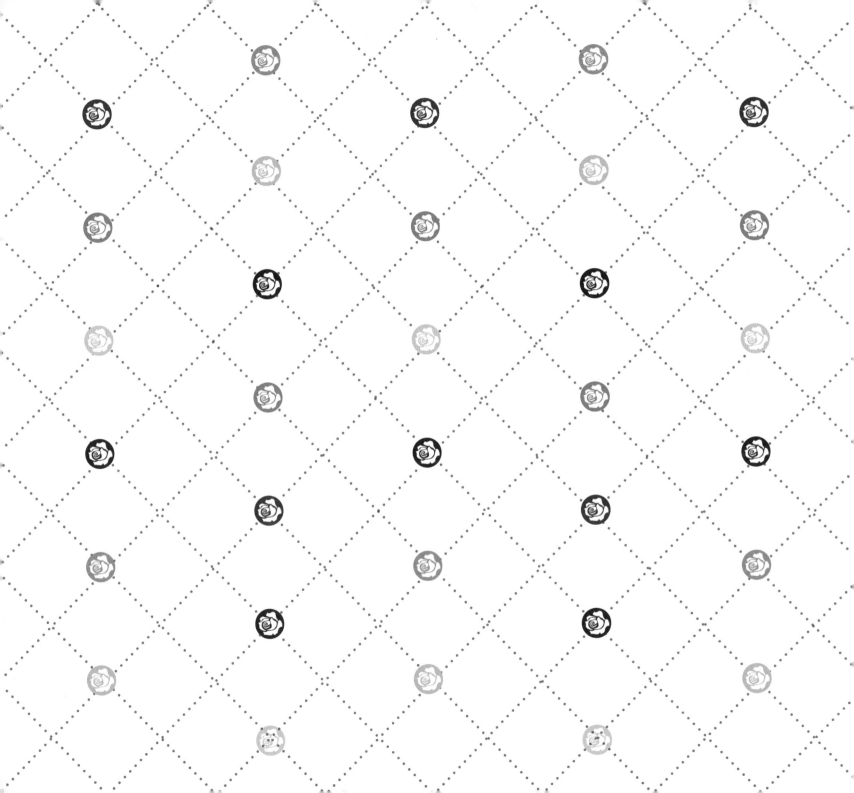